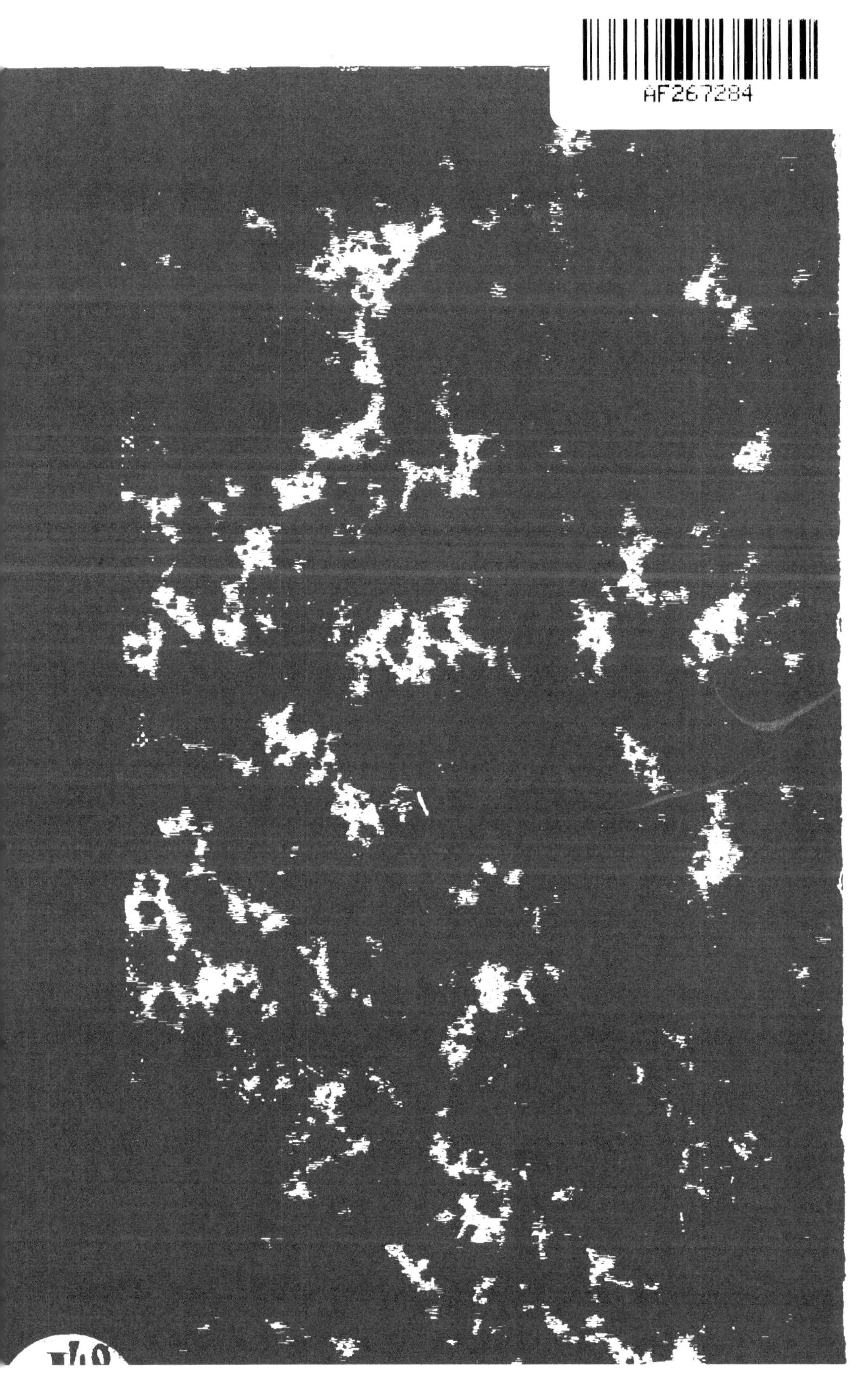
AF267284

Lb 40
2814

OPINION

DE JACQUES DARRIMAJOU,

PROCUREUR-SYNDIC DU DISTRICT DE MONT-DE-MARSAN,

Lue à la Société des Amis de la Constitution de cette Ville, le 28 Mars, sur les deux questions suivantes :

L'Arrêté du Directoire du Département des Landes, du 19 Janvier dernier, l'An quatrième de la Liberté, contenant des dispositions d'ordre public sur les Ecclésiastiques insermentés ou non-conformistes, est-il inconstitutionnel ?

Les Sous-Administrateurs sont-ils obligés d'exécuter des Arrêtés et des ordres de l'Aministration supérieure, lorsqu'ils sont contraires à la Loi ?

Avec des Observations sur la situation du Département, & en particulier sur le District de Mont-de-Marsan.

Aucune Religion n'est une Loi,
Aucune Religion n'est un crime.

MESSIEURS,

Avant de traiter les questions qui vous occupent, j'ai besoin d'exprimer ma reconnoissance envers cette Société, et principalement envers les deux membres

BIBLIOTHÈQUE NATIONALE · IMPRIMÉS

A

qui l'ont engagée à en faire l'objet de ses discussions.

Ces deux questions sont de la plus haute importance par elles-mêmes, mais elles acquièrent un nouveau degré d'intérêt, et par la situation actuelle du Royaume, et par celle de ce Département & de ce District.

La Société de Mont-de-Marsan a déjà donné de grandes preuves de son patriotisme éclairé. Elle a prouvé par la sagesse de ses délibérations, qu'elle étoit également opposée aux maximes exaltées d'une démagogie turbulente, et à celles des ennemis du bien public, qui voudroient faire retrograder la Liberté. Placée entre ces deux écueils funestes, elle n'a cessé de marcher, d'un pas ferme, sur la ligne constitutionnelle, et de répandre, parmi ses Concitoyens, les principes immuables de la raison et de la justice.

Je rappelle, avec bien du plaisir, Messieurs, ces beaux titres que vous avez à l'estime et à la reconnoissance publique, dans une circonstance où vos discussions peuvent y ajouter de nouveaux droits : oui, Messieurs, si vous envisagez ces questions sous leur véritable point de vue, si vous les dégagez de tout préjugé et de tout esprit de parti ; si (comme je n'en doute pas) vous parvenez à fixer votre opinion, d'une manière invariable, d'après les principes établis par la Constitution, alors, Messieurs, votre zèle aura été vraiment utile. L'esprit de paix, la liberté de conscience, dont chacun de nous donnera l'exemple dans sa famille, auprès de ses voisins, et enfin, dans toute la Société, seront les résultats heureux de votre travail, et vous prépareront des bénédictions publiques.

Je sai, Messieurs, que c'est un principe sagement établi parmi vous, qu'on ne paroît jamais à cette tribune, avec les caractères de l'homme public, et qu'on ne peut s'y prévaloir que de la qualité de Citoyen et d'Ami de la Constitution. Vous m'entendrez cependant plusieurs fois, dans le cours de cette discussion, développer des faits et des opinions relatives aux fonctions que j'exerce. Je ne pouvois séparer absolument ces deux qualités, qu'en sacrifiant une partie des choses utiles que j'avois à vous dire; mais j'ai pensé que cette marche, loin de vous déplaire, mériteroit votre approbation : car si vous avez cru, avec raison, que les Sociétés des Amis de la Constitution ne pouvoient exercer aucune influence sur les actes des autorités constituées, vous louerez, sans doute, le zèle du fonctionnaire public qui vous soumet sa conduite, et qui se montre jaloux de vos suffrages. Je viens à la question.

L'Arrêté du Directoire du Département du 19 Janvier dernier, renferme trois dispositions principales. Je vais les analyser. Par la première, le Directoire ordonne, que *tous les ci-devant Fonctionnaires publics, séculiers ou réguliers remplacés, qui n'ont pas prêté le serment civique, seront tenus de s'éloigner de quatre lieues des Paroisses où ils exerçoient leurs fonctions, dans le délai de quinze jours, à compter de la publication qui sera faite dans les différens Chefs-lieux des Districts.*

Par la seconde, le Directoire prefcrit l'exécution de l'art. 5 de la Loi du 22 Décembre 1790 : *et à cet effet*, dit-il, *tous les François, Fonctionnaires publics, ou recevant pensions et traitemens quelconques de l'État, qui ne sont pas présens ou résidens dans le Royaume, et qui n'auront pas prêté le serment civique, seront par ce seul fait déchus de leurs grades et emplois, et privés de leurs pensions, appointemens et traitemens. Fait défense aux receveurs des Districts de faire aucun payement auxdits Fonctionnaires publics, civils, militaires où ecclésiastiques, et autres jouissant de pensions, appointemens et traitemens, s'il ne leur appert de la prestation dudit serment civique.*

Par la troisième disposition, enfin, le Directoire *excepte les Fonctionnnaires publics, ecclésiastiques non remplacés, qui ne troublent point l'ordre et la tranquillité, et qui se bornent à remplir le devoir de leur état.*

Messieurs, quand j'ai lu pour la première fois cet Arrêté, j'ai été stupefait. J'ai interrogé ma raison ; et je vous déclare que je me suis demandé plusieurs fois à moi-même, non pas s'il étoit constitutionnel, mais, si c'étoit à Maroc, à Algèr, où en France que je vivois.

Tous les ci-devant Fonctionnaires publics, séculiers et reguliers, remplacés, qui n'ont pas prêté le serment civique, seront tenus de s'éloigner de quatre lieues des Paroisses où ils exerçoient leurs fonctions.

Et, d'abord, ce n'est pas aux Directoires des

Départemens que le peuple françois a confié l'exercice du pouvoir législatif. Nous n'avons pas créé en France quatre-vingt trois Assemblées Nationales. Il n'y en a qu'une, qui, avec la sanction du Roi, puisse donner à ses Décrets, le caractère de Loi. Les fonctions des Directoires sont bornées à l'Administration. Les dépasser, et s'emparer du droit de faire la Loi, c'est s'élever au-dessus des deux premiers représentans du Souverain, le Corps législatif et le Roi; c'est usurper la souveraineté; c'est, enfin, renverser la Constitution.

Le pouvoir législatif est délegué à une Assemblée Nationale, composée de représentans temporaires, librement élus par le peuple, pour être exercée par elle, avec la sanction du Roi. (*)

On ne contestera pas, sans doute, que cette disposition de l'Arrêté ne renferme une loi. On ne prétendra pas vraisemblablement que le titre modeste, *d'Arrêté, contenant des dispositions d'ordre public, sur les ecclésiastiques insermentés,* en change la nature. Il est clair, il est évident que c'est une Loi que le Directoire du Département a entendu faire; car il établit une peine contre une classe d'hommes.

La seconde disposition de l'Arrêté est une violation non moins manifeste des principes constitutionnels, mais elle contient de plus un faux. Je vais le prouver.

______

(*) Acte constitutionnel. Tit. 3. Art. 3. Des pouvoirs publics.

L'Assemblée nationale , voulant s'assurer de la fidélité des Fonctionnaires publics qui résidoient hors du Royaume , ordonna , par le Décret du 18 Décembre , sanctionné le 22 du même mois , qu'ils seroient tenus de prêter le serment civique , sous peine d'être déchus de leurs emplois et traitemens : je vais vous rapporter cet art. de la Loi.

« Tous François , fonctionnaires publics , ou
» recevant pensions et traitemens quelconques de
» l'État , qui ne seront pas présens et résidens
» dans le Royaume , et qui n'auront pas prêté le
» serment civique , dans le délai d'un mois ,
» après la publication du présent Décret , sans
» être retenus dans les pays étrangers par
» une mission du Roi , pour les affaires de l'État ,
» seront , par ce seul fait , déchus de leurs grades
» et emplois , et privés de leurs pensions , appoin-
» temens et traitemens. »

· Vous le voyez évidemment ; cet article ne s'applique qu'aux Fonctionnaires publics , *ecclésiastiques , civils , militaires , qui ne sont pas présens et résidens dans le Royaume , et qui n'ont pas prêté le serment civique.*

C'est en vain que l'homme le plus modéré et le plus impartial , chercheroit une autre interprétation : et les moyens d'excuser celle que le Directoire du Département donne à cette Loi ! Il n'y a pas de milieu : Il faut foiblir sur le sanctièr de la vérité et du patriotisme , ou il faut publier hautement que cette disposition de l'Arrêté est une imposture. Je dis ensuite qu'elle est aussi inconstitutionnelle que la précédente. Le Directoire du Département supprime des traitemens et des pensions qui ont été déclarés par l'Assemblée constituante *faire partie de la dette nationale, dont le payement ne peut être refusé ni suspendu sous aucun prétexte.* (*)

Ainsi ce que l'Assemblée constituante a cru juste, ce qu'elle a rangé dans la classe des Loix constitutionnelles, ce que, par conséquent, le Corps législatif et le Roi ne pouvoient changer, le Directoire du Département l'a fait, de sa propre autorité et volonté : seconde usurpation, non seulement du pouvoir législatif et exécutif, mais de la souveraineté nationale : seconde disposition de l'Arrêté, inconstitutionnelle.

Le Directoire du Département excepte enfin des dispositions précédentes, les *Fonctionnaires publics non remplacés qui ne troublent point l'ordre et la tranquillité, et qui se bornent à remplir le devoir de leur état.*

Je vous le demande, Messieurs, à qui appartient le droit de faire des exceptions à la Loi, si ce n'est au Législateur même? C'est donc une Loi, encore une fois, que le Directoire du Département a entendu faire ; car il prononce une exception en faveur des Fonctionnaires non remplacés. Et remarquez, Messieurs, l'inconséquence de ces Législateurs ; en même temps qu'ils font cette exeption, ils déclarent que, dans leur maniere

____

(*) Acte constitutionnel. Tit. 5. Art. 2. Des Contributions publiques.

de voir, l'Art. V de la Loi du 22 Décembre 1790 est *tellement clair, précis, impérieux, que l'Administration ne seroit pas sans reproche, si elle en négligeoit où détournoit l'application à tous les Fonctionnaires publics où autres recevant pensions ou traitemens quelconques de l'État, lorsqu'il n'est pas établi qu'ils ont prété le serment civique.* (*)

Mais, qui jugera si les Fonctionnaires qui sont l'objet de cette exception, troublent l'ordre et la tranquillité, et si on doit refuser leur salaire? Qui recevra les accusations ? qui fera les enquêtes et les instructions requises pour découvrir les preuves et les coupables ? Est-ce les Tribunaux? je suis autorisé à croire qu'il n'y en a aucun qui méconnoisse à ce point les principes. Est-ce le Directoire du Département? il sera donc en même tems reformateur de l'Acte constitutionnel, c'est-à-dire, souverain; il sera Législateur ordinaire, pouvoir exécutif, Tribunal judiciaire, et Corps administratif. Mais encore, quelle règle, quelle Loi suivra t-il dans ses jugemens ? Je vois qu'il ne s'en impose d'autre que celle de ses caprices et de sa volonté arbitraire. Quel assemblage monstrueux de pouvoirs et de fonctions incompatibles ! Et faut-il demander encore si l'Arrêté du Directoire du Département des Landes est inconstitutionnel !

La seconde proposition, celle de savoir si les Administrations inférieures doivent faire exécuter

---

(*) Page 3. De l'Arrêté du 19 Janvier.

les Arrêtés et les ordres inconstitutionnels des Administrateurs supérieurs est d'un autre genre. Elle est extrémement delicate, et elle paroît difficile à concilier avec la raison et la gradation des pouvoirs établis par la Constitution. *Il y a*, dit la Loi constitutionnelle, *dans chaque Département, une Administration supérieure, et dans chaque District, une Administration subordonnée.* (*) Si celle-ci est subordonnée, elle doit donc obéir. Elle n'est pas créée pour être Juge des ordres donnés par l'Administration supérieure, mais pour les faire exécuter; et comme le Roi a le droit de suspendre de leurs fonctions *les Administrateurs du Département, dans le cas d'une désobéissance persévérante*, de même, dit l'Art. 6, les Administrateurs du Département *peuvent suspendre de leurs fonctions les sous-Administrateurs.* Je sai que l'on peut dire au contraire, que les sous-Administrateurs ont fait le serment de maintenir la Constitution. Qui osera penser, me dira t-on, qu'ils fussent obligés d'exécuter l'ordre barbare d'égorger un citoyen ! Qui pourra les blamer de résister à un pareil ordre, ou à celui d'attenter à la Liberté publique, ou d'envoyer en exil des Citoyens, en vertu d'un ordre arbitraire ! La déclaration des droits n'a t-elle pas consacré le principe de la résistance à l'oppression ? Je n'examine pas ce qu'on pourroit dire de plus pour ou contre, mais je vous déclare, qu'à l'exception

---

(*) Chap. 4. Section 2. Art. 1. de l'Administration supérieure.

près de l'ordre sanguinaire dont je viens de vous parler, et peut-être aussi de l'Arrêté du Directoire du Département des Landes qui nous occupe, je crois que la Loi commande aux sous-Administrateurs de faire exécuter tous les Arrêtés et les Ordres de l'Administration supérieure ; et si j'analyse mon sentiment sur les exceptions que je viens de faire, je vous avoue que je les trouve moins dans la Loi que dans ma propre conscience. Je compterois plus, si je désobéissois dans ce cas, sur l'indulgence et les sentimens naturels des supérieurs qui me jugeroient, que sur la Loi elle-même. Telle est, Messieurs, ma manière de concevoir les rapports constitutionnels établis entre les différens pouvoirs. Je ne puis me former l'idée d'une société et d'un gouvernement où l'ordre et l'harmonie puissent régner, si les différentes autorités qui concourent à son organisation, ne sont pénétrées de ce principe, et si elles n'y sont constamment fidèles.

Je vous ai démontré, Messieurs, la Loi à la main, que l'Arrêté du Directoire du Département du 19 Janvier dernier, étoit inconstitutionnel. Je vous ai fait voir qu'en these générale, les Administrations inférieures doivent exécuter tous les ordres de l'Administration supérieure. Mais si j'examine à présent la première de ces questions, sous les grands rapports de l'ordre public, si je recherche quels sont les hommes qui ont rendu cet Arrêté, et quel est la position des Administrés pour lesquels il est fait ; si j'envisage enfin cette question comme Ami de la Constitution, l'intérêt s'aggrandit, l'ame s'élève, et je me défends à peine de la plus profonde indignation.

Quel spectacle affligeant cet acte du Directoire du Département des Landes présente à nos regards ! Un grand peuple naît à la Liberté, ses Représentans l'ont à peine débarrassé de ses chaînes, à peine sont-ils parvenus, par des efforts constans, et à travers de grands et périlleux événemens, à établir la Constitution à laquelle la Nation a adhéré, et sur laquelle elle repose des espérances seules capables de la dédommager des sacrifices pénibles qu'elle lui coûte, et voilà que cinq ou six Agens, *élus par le peuple pour exercer des fonctions administratives, sous la surveillance et l'autorité du Roi*, méconnoissent dans quelques jours leur origine, usurpent la souveraineté nationale, se placent au-dessus des premiers pouvoirs établis par le peuple, et au-dessus du peuple lui-même. Créateurs d'une puissance purement arbitraire, ils substituent leur volonté à celle de la loi ; il leur plaît de demander à une classe d'hommes un serment, et ils imposent, par le seul fait de leur volonté, l'obligation de le prêter, sous peine de la proscription et de l'exil. Jamais le despotisme des anciens Intendans ne s'étoit permis des actes aussi tyranniques et aussi injustes ; et ce n'est pas assez de proscrire leurs personnes, de les arracher à leurs propriétés, à leur asyle, on les condamne impitoyablement au supplice de la faim. On

confond l'innocent avec le coupable, l'homme foible,
l'homme de bonne foi, avec le perturbateur du repos
public. On place des vieux Prêtres, blanchis sous
le poid des ans & du travail, entre la mort, ou
la dure nécessité de déshonorer leur viellesse par un
serment qui répugne à leur conscience. Quelle idée
vous laissez après eux, et vous les forcez d'empor-
ter dans la tombe, de la justice des hommes et de
notre gouvernement, si la promesse solemnelle de
payer le salaire dû à leurs travaux, faite par la
nation, écrite par ses représentans, et en son nom,
sur la charte constitutionnelle, ne peut être garantie ni défendue pendant un an, contre l'arbitraire
et les caprices de quelques Administrateurs!

L'Assemblée Nationale avoit donné un grand
exemple de sévérité à l'égard des Prêtres insermentés, mais elle avoit en même temps respecté les
droits de l'humanité et de la liberté individuelle ;
elle leur avoit accordé du moins des alimens,
après les avoir privés de leur état. Le Directoire du
Département des Landes n'a rien trouvé dans ses
mesures qui fût digne de son respect, ou qui
méritât ses ménagemens. Il punit une seconde fois
ceux qui avoient déjà été punis par la privation
de leur état. Il confond tous les individus dans sa
proscription fatale. Les Religieuses elles-mêmes ren-
fermées dans le cloître, et dont on n'a jamais entendu
parler au déhors, n'échappent pas à la rigueur de
cet Arrêt. Les Prêtres sont transformés à ses yeux,
je ne dis pas comme des criminels, des assasins,

car, s'il les avoit seulement regardé comme tels, du moins la Loi prescriroit-elle de les dénoncer aux tribunaux, pour les faire juger et punir. La Loi lui ordonnoit de les traiter avec douceur et humanité ; mais ce ne sont plus des hommes aux yeux du Directoire du Département, ce sont des bêtes féroces qu'il faut écarter des habitations humaines, et forcer dans des retraites étrangères, pour y trouver la douleur et la mort.

La Loi n'avoit-elle pas donné aux citoyens l'assurance qu'ils seroient pourvus de Ministres du culte dans tous les tems ? n'avoit-elle pas ordonné que les Prêtres insermentés resteroient en fonctions jusqu'à ce qu'ils fussent remplacés? Le Directoire détruit cette promesse que le Législateur avoit faite solemnellement. Il substitue à la garantie de la Loi, sa volonté arbitraire. Les Ministres du culte ne seront plus en fonctions, jusqu'à ce qu'ils ayent un successeur ; ils n'y seront que tant qu'il plaira au Directoire du Département de penser qu'ils ne troublent pas l'ordre et la tranquillité. Peut-on se jouer avec plus d'audace, et des Lois, et des objets sur lesquels le peuple place sa vénération et sa confiance !

Mais, si on veut analyser avec soin l'Arrêté du Directoire du Département des Landes du 19 Janvier, on n'y trouvera pas une phrase qui ne soit marquée au coin de l'inconséquence et de l'immoralité. Les premiers mots seuls suffisent pour prouver la mauvaise foi de ses auteurs. *Un membre,* dit-on, *s'est levé et a dit, qu'il réclamoit l'exécution formelle et littérale de l'Art. 5 de la Loi du 22 Décembre 1790, parce qu'il étoit instant de connoître les Amis des Lois, et ceux qui conspirent en secret contre leur Patrie ; qu'il n'y avoit d'autre moyen pour parvenir à cette connoissance, que la prestation du serment civique, et la suspension des traitemens et pensions de tous ceux qui ne justifieroient pas qu'ils l'ont prêté.*

J'ai déjà remarqué que l'Art. 5 de la Loi citée par *ce motionnaire*, ne s'appliquoit qu'aux Fonctionnaires publics, absens du Royaume, et que conséquemment on avoit induit le peuple à erreur, en en falsifiant le sens.

Mais qu'il me soit permis de demander actuellement à ces prétendus souverains sur quoi ils fondent cette assertion singulière qu'il n'y a d'autre moyen de connoître ceux *qui conspirent en secret contre la Patrie, que d'exiger la prestation du serment civique des anciens Fonctionnaires, et de les priver de leur traitemens ou pensions, s'ils s'y refusent ?*

Quelle étrange logique ! Un homme refuse de prêter le serment civique *donc il est conspirateur secret !* Mais les vrais représentans du peuple n'avoient tiré de ce refus d'autre conséquence, que la nécessité de priver ces hommes des fonctions publiques ; et vous au contraire, vous en concluez qu'il faut les priver de leur traitement, et qu'ils *sont des conspirateurs secrets.*

Croyez-vous donc de bonne foi, que si le refus

de prêter le serment civique servoit à faire connoître les *conspirateurs secrets*, croyez-vous, dis-je,
qu'il se trouvât quelque conspirateur de ce genre
qui s'y refusât? le moyen de pouvoir continuer à
conspirer en secret ne seroit-il pas précisement de
prêter le serment que vous exigez? celui au contraire de rendre la conspiration secrete, impossible,
consiste dans le refus. La conséquence de cette
proposition étoit donc diamétralement opposée à
celle que ce membre a soumis au jugement du
Directoire du Département, et que celui-ci a adop-
tée aveuglément. Comment l'idée contradictoire
d'un homme qui conspireroit *en secret*, et qui se
revertiroit néanmoins des caractères publics qui
servent à faire connoître ceux qui sont coupables
de ce crime, n'a t-elle pas frappé ces Administrateurs? Eh! ne savez-vous pas que les conspirateurs secrets sont presque toujours dans la classe
de ceux qui ont prêté le serment civique. Je
pourrois vous en fournir ici beaucoup d'exemples,
mais je ne veux me prévaloir que d'un, celui des
Administrateurs qui ont prêté le serment, qui se
disent de grands patriotes, mais qui font des
actes inconstitutionnels, et qui font croire par là
qu'ils peuvent être des *conspirateurs secrets*.

Le même membre a requis aussi que l'Arrêté du 2
Septembre fût ramené à exécution *pour mettre un
terme aux troubles que les Prêtres rebelles et fanatiques
occasionnent dans presque toutes les parties du Département.* Certes, cette réquisition est bien digne

de figurer à côté de la première. Mais cet Arrêté n'a t-il pas été dénoncé au ministre de l'intérieur comme inconstitutionnel et tyrannique, et ne convenoit-il pas du moins, avant d'en ordonner de nouveau l'exécution, d'attendre que le ministre qui avoit demandé au nom du Roi les motifs de cet acte illégal, fit connoître les intentions du Chef suprême de l'Administration ? On parle d'obéissance et de subordination. On se plait à calomnier les sentimens et les actions des sous-Administrateurs, parce qu'ils exécutent à regret des ordres qui semblent émanés du Visir de Constantinople, plutôt que d'une Administration paternelle, parce qu'ils cherchent à éclairer leur raison et à calmer les inquiétudes de leur conscience sur les suites de ces actes ; et cependant voyez la conduite des Administrateurs supérieurs, voyez l'exemple de déférence et de soumission que nous fournissent ces agens, envers celui que la Constitution leur a donné pour chef.

Je sai que l'on veut excuser cet Arrêté du 2 Septembre. Je sai qu'on voudroit en faire trouver les dispositions sages, parce que, dit-on, la plûpart de celles qu'il renferme ont été consacrées par un Décret du Corps législatif, à qui il n'a manqué que la sanction du Roi, pour devenir une Loi du Royaume. Mais voilà précisément la raison qui accable le Directoire du Département. Voilà ce qui prouve qu'il a usurpé les fonctions qui sont propres au Corps législatif, qu'il a franchi la ligne constitutionnelle, et détruit l'harmonie des pouvoirs. Mais, puisque le Directoire du Département se glorifie d'avoir dévancé en ce point l'opinion de nos Législateurs, pourquoi n'a t-il pas imité leur sagesse? Ils ont respecté l'exercice de la prérogative royale, dont le Roi a fait usage. Ce respect, cette modération devoit-elle être plus pénible et plus difficile, pour cinq ou six Administrateurs d'un Département, que pour les Représentans de la nation entière?

Que signifient encore ces ridicules déclamations que l'on trouve dans l'Arrété du 19 Janvier, et par lesquelles on essaye de persuader *que l'Administration a fait de grands efforts?* (*) *qu'elle s'est aidée du concours des bons Citoyens, pour empêcher les troubles causés par les Prêtres insermentés et perturbateurs? Le Directoire a pris toujours des mesures sages et de douceur..... Il ne s'est determiné aux dénonciations, que lorsque la gravité des délits et la crainte d'une contagion universelle lui en ont fait un devoir impérieux.... Ces différens remèdes,* continue le rédacteur de cet Arrêté, *ont été inéficaces, parce que les rebelles ont reputé foiblesse et pusillanimité, ce qui n'étoit que* TENDRSSE, CLÉMENCE *et* MODÉRATION. Voilà une singulière manière de s'exprimer, pour des Administrateurs supérieurs qui s'adressent à des hommes libres, aux Administrés de tout un Département; et c'est une plaisante appologie de leur conduite et de leurs efforts, de leur *tendresse et de leur clémence!*

Oui sans doute, on devoit employer des mesures sages et de douceur. Mais le Directoire du Département des Landes a-t-il réellement fait usage de ces moyens? A-t-il même fait jouir tous les Administrés des droits sacrés de l'homme? A-t-il seulement parlé le langage de la Loi à ces bons citoyens de campagne, à ces hommes paisibles, mais foibles, pour qui leurs Prêtres et leur Dieu sont presque la même chose, qui chérissent la religion plus que tout bien, plus que la vie même? A-t-il eu égard au vœu de la majorité des habitans, lorsqu'il a fait procéder au remplacement des Curés? A-t-il écouté les douleurs et les gémissemens qui ont rétenti dans les campagnes de la chalosse, lorsqu'il s'est agi d'arracher ses Pasteurs à leur troupeau? Voilà les mesures que la sagesse pourroit se vanter, avec raison, d'avoir employé; et ne nous dites pas que la Loi s'y opposoit! Car si vous observez attentivement la marche de l'Assemblée Nationale constituante, et les Lois qu'elle a faites sur cette matière, vous appercevrez, qu'autant elle s'est montrée désireuse, dans le principe, qu'on procédât au remplacement des Curés insermentés, autant elle a prouvé depuis, qu'elle reconnoissoit que sa marche avoit été trop précipitée, et qu'elle étoit bien aise que les Administrations tempérassent les rigueurs de la Loi, en l'exécutant. Je ne veux, pour témoignage de cette opinion, que la Loi qui accorde un traitement aux Curés remplacés, que celle qui porte que les Curés insermentés resteront en fonctions jusqu'à leur remplacement. Je ne veux que l'accueil favorable que l'Assemblé Nationale, et la France entière, donnerent au rapport de M. l'Evêque d'Autun, sur la liberté de conscience.

Mais, si le Directoire du Département n'a pas cru pouvoir allier ces mesures de sagesse avec l'exécution de la Loi qui ordonnoit le remplacement, a-t-il du moins laissé alors aux Citoyens tout le degré de liberté qu'elle leur accorde pour l'exercice et la profession de leur culte ? A-t-il dit à ceux qui ne vouloient pas du Curé Constitutionnel, que la Loi ne leur prescrivoit pas d'aller à sa messe, ni d'assister à ses offices ? Leur a-t-on dit qu'au contraire elle les autorisoit à avoir la même confiance qu'ils avoient auparavant pour leur ancien Pasteur ; qu'ils pouvoient se livrer sans crainte, pour l'exercice de leur culte, au mouvement de leur conscience ; qu'il n'y avoit enfin d'autre différence entre le Curé constitutionnel et celui qui l'avoit remplacé, que celle des salaires que la Nation payoit à celui qui avoit prêté le serment, et qu'elle refusoit à celui qui n'avoit pas voulu le prêter?

Vous vous êtes aidés, *dites-vous*, du concours des bons citoyens, pour arrêter les troubles. Ha ! si vous aviez suivi cette marche ; si vous vous fussiez seulement un peu défiés de votre caractère, de vos inclinations et de vos mœurs, que, certes, il est bien permis de ne pas croire assez douces , assez humaines pour des Administrateurs d'un peuple libre ; si vous vous fussiez pénétrés des bons écrits qui ont paru sur cette matière ; si vous aviez consulté l'expérience des siècles passés en fait d'opinions religieuses ; si vous aviez enfin accordé (comme vous le dites) quelque déférence aux conseils des bons citoyens , des hommes sages et prudens , combien votre conduite auroit été différente , combien vous auriez empêché de maux, et peut-être prévenu des regrets !

Mais, c'est par les faits, c'est par les actes consignés sur vos registres, qu'il faut faire l'appologie de la conduite que vous avez tenue dans cette circonstance.

Vous êtes vous-aidés du concours des bons Citoyens , lorsque vous avez suspendu de ses fonctions le Maire de Montgaillard, dans le District de Saint-Sever ; il a suffi auprès de vous , pour le condamner, de la pétition de quelques agitateurs intéressés à sa perte, et à perpétuer le désordre dans cette Paroisse. Vous n'avez pas osé consigner sur l'Arrêté par lequel vous avez frappé ce citoyen , la vraie cause qui vous décidoit. Celle que vous avez exprimée n'honnore pas certainement votre délicatesse; mais je dois faire connoître celle que vous avez voulu cacher. Il faut que l'on sache quel étoit le crime de cet homme honnête. Les citoyens de cette commune avoient présenté une pétition , pour qu'il fût permis à leur ci-devant Curé, de dire la messe dans l'une des deux Egliges de la Paroisse, et pour qu'il leur fût permis de l'entendre. Le Maire est accusé d'avoir favorisé cette demande ; il paroissoit disposé à l'appuyer, voilà son crime, voilà son délit ; et ce citoyen que le Département a frappé avec tant de légereté, et qu'il a déclaré indigne de la confiance publique, avoit réuni 143 suffrages sur 145 qui concoururent à son élection à la place de Maire. Il aime, il chérit la Constitution, mais il n'a jamais cru qu'il falloit suivre et pour-chasser les Prêtres insermentés comme des bêtes fauves. Il a pensé au contraire que ses concitoyens pouvoient entendre la Messe de leur ancien Curé. Voilà son crime aux yeux du Directoire du Département, voilà la vraie, la seule cause de sa condamnation arbitraire.

Vous êtes-vous aidés aussi du concours des bons citoyens, lorsque vous avez suspendu de leurs fonctions les Officiers Municipaux et les membres de la Commune de Horsarrieu, dans le District de Saint Sever, et lorsque, par le même jugement vous avez banni de cette Paroisse le ci-devant Curé, et que vous l'avez condamné à s'en exiler à quatre lieues de distance ? Quel étoit donc le crime de ces bons laboureurs que vous avez essayé de flétrir dans l'opinion publique ? Seriez-vous en état de faire preuve de délits dignes de cette peine. Articulez contre eux quelque fait, autre que celui d'un grand attachement et d'une grande confiance pour leur ancien Curé. Ha ! je le sai, la haine et l'animosité ont présidé à ce jugement inique. On n'a pas craint, pour assouvir la passion des vengeances particulières, on n'a pas craint de sacrifier l'innocence et la vertu.

Et lorsque vous avez condamné trois Citoyens de ce District à quitter leur demeure, le champ qu'ils cultivoient, et que vous leur avez ordonné de s'enfuir à quatre lieues, ils n'avoient pas encore été accusés ; ils n'ont pas été entendus, aucune instruction préalable n'avoit été faite, lorsque vous les avez condamnés provisoirement à la proscription et à l'exil. Que signifient, après ce fatal arrêt, les informations et les enquêtes d'un prétendu Commissaire, le même qui a participé, par son opinion, à ce jugement provisoire. Croyez-vous qu'il aille sur les lieux pour éclairer sa raison et sa justice, dans le dessein de trouver des innocens et non des coupables : si ce sentiment avoit conduit ses pas, il n'auroit jamais condamné trois hommes à l'exil par provision et sans les entendre. Que va-t-il donc faire à Castandet? il va recueillir des témoignages de la bouche même des dénonciateurs et des ennemis les plus acharnés des accusés.

S'il falloit comparer à présent l'ancien despotisme des Ministres et des Intendans avec celui du Directoire du Département des Landes, s'il falloit comparer les abus des pouvoirs exercés par les nouveaux agens, avec ceux d'autrefois, pourroit-on balancer de prononcer que le despotisme et l'audace de nos Aristocrates surpassent mille fois celle des anciens ? Parmi les actes nombreux d'arbitraire et de cruauté de l'ancien gouvernement , j'ai toujours présent à mon esprit un grand forfait , une grande tyrannie ; c'est l'accusation qui fut intentée contre le vertueux Lachalotais ; c'est le Tribunal de sang et d'horreur qui fut institué en Bretagne , pour le trouver coupable et le punir comme tel. Mais les Juges (s'il est permis du moins de leur donner ce nom) les Sartine , les Lenoir et Calonne n'avoient pas comdamné provisoirement , et sans l'entendre , le Procureur - général du Parlement de Rennes. On avoit intenté une accusation , on avoit instruit une procédure , on respectoit , ou du moins cherchoit-on à ménager l'opinion publique ; mais ce que le despotisme ministériel , ce que les sentimens de haine et de vengeance d'un vieux courtisan , extrêmement accrédité au milieu d'une Cour dépravée , et où le Monarque n'étoit qu'un instrument , ce qu'on n'avoit pas osé tenter , dis-je , dans ces circonstances , et pour venir à bout d'une grande intrigue, le Directoire du Département des Landes se le permet chaque jour.

Oui, Citoyens, je dois vous le dire , il est de mon devoir de vous le dénoncer. Vous n'avez plus de Constitution , vous n'avez plus de liberté ; la contre-revolution est faite dans le Département des Landes. De prétendus Patriotes , qui ne sont au fonds que des conspirateurs , ont renversé l'œuvre de la Nation et de ses représentans ; ils se sont emparés de tous les pouvoirs , ils menacent vos têtes et vos personnes du plus honteux esclavage et de l'oppression la plus tyrannique. Les ordres arbitraires, le régime de l'ancienne police de Paris, celui de la Bastille, tout cela n'est rien auprès du règne de fer qu'on vous prépare. Venez prendre communication, dans nos bureaux, de la lettre de cachet, signée Barabé et Batbedat, décernée nouvellement contre trois Citoyens qui n'ont pas seulement été entendus ; et vous jugerez si vous pouvez vous flatter encore d'être libres et de jouir des droits sacrés de l'homme, sous la garantie sociale.

Mais je m'écrie à chaque instant avec tous les hommes raisonnables, *où est la cause de tant de maux, de tant d'injustice !* Quelle est la raison enfin qui peut motiver de si grands attentats contre la liberté publique, contre la Constitution ? Deux hommes seulement dans cette Société composée d'amis des lois et de la paix, ont cherché à excuser la conduite du Directoire du Département, et à défendre son Arrêté. *Il est inconstitutionnel,* a dit le premier, *cela est incontestable ; mais les circonstances l'ont rendu nécessaire: il ne faut pas nous le dissimuler, l'Etat est en péril ; les Prêtres fanatiques, les Prêtres insermentés souflent le feu de la discorde et de la sédition. En voulez-vous un exemple,* a t-il dit, *je vais vous citer un fait que le Directoire du District n'ignore pas. L'ancien Curé de Bostens s'est présenté dernièrement à son ancienne paroisse, il s'adressa au Maire, pour lui demander la permission de *dire la messe : il l'auroit dite , s'il n'en eut été empêché par le Maire , qui est un bon Patriote.*

C'est une étrange manie , que celle qui s'empare , depuis quelque temps , de certaines têtes, de s'ériger en Professeurs de patriotisme et de raison. La science de ces hommes semble s'accroître à leurs yeux , à mesure que leurs idées s'exaltent.

L'Arrêté du Directoire du Département , disoit l'autre, est inconstitutionnel ; mais le salut du Peuple le rend constitutionnel. Voilà la Loi suprême , voilà ce qui a dirigé le Directoite du Département. Ce Corps , continuoit-il , connoît la situation du Département , mieux que nous ; il a cru devoir prendre cette mesure : loin de la blâmer , nous devons y applaudir et la louer. N'avoit-on pas l'air encore , en débitant ces basses flagorneries , de vouloir faire retomber quelque tort ou quelque blâme sur des sous-Administrateurs qui donnent chaque jour des preuves de leur soumission aux ordres de l'autorité supérieure, parce qu'ils se prêtent , à regret , à l'exécution de cet Arrêté ?

On croiroit , quand on entend ainsi ces délamateurs sonner le tocsin dans tout le Département, que la sûreté publique est réellement en danger, que la personne et la vie des Citoyens sont menacées à chaque instant par le fer et le feu des Prêtres fanatiques et assassins. S'il faut les en croire , toutes les parties du Département sont dans la crise la plus violente , et c'est le cas de recourir aux moyens les plus extrêmes. Il faut , suivant eux, pour tarir la source de ces maux, attenter à la liberté publique et individuelle, rétablir les lettres de cachet, confondre tous les pouvoirs, les accumuler sur la tête de quelques Administrateurs, et renverser enfin la Constitution. *La Patrie est en danger, et son salut doit se trouver hors de la Constitution.* Est-ce là le langage d'hommes libres? Non; mais il est digne des contre-révolutionnaires réunis à Worms et à Coblens.

Et quand nous serions dans cette position où chaque Citoyen doit craindre de rencontrer sous ses pas un ennemi, pensez-vous donc qu'on puisse violer ainsi son Serment et renverser la Constitution? Voyez ce qui se passe en Angleterre. Lorsque la liberté publique est en danger, lorsque le cri d'allarme générale se fait entendre, que la guerre civile ou quelque fléau de ce genre menace les Citoyens, et que l'on croit qu'il importe, pour le salut de la Patrie, d'armer les autorités constituées d'un pouvoir extraordinaire; alors même l'intervention du Corps législatif et du Roi devient nécessaire. Dans ces cas extrêmement rares, la Loi *habeas corpus* est suspendue; mais toujours en vertu d'un bil du Parlement.

Quel est donc, au reste, cet état violent dans lequel se trouve le Département? quelle est cette crise funeste qui l'agite? Je suis loin de me le dissimuler. Je sais que plusieurs Prêtres insermentés sèment la division et la discorde dans les familles. Je sais qu'il y en a qui travaillent chaque jour à relâcher les liens de la subordination et de la confiance envers les autorités constitutionnelles. Je conviens enfin que tous, sans exception, ont voué une haine implacable aux Curés constitutionnels ; qu'ils cherchent, par tous les moyens de persuasion, à leur enlever la confiance du peuple, et à rendre leurs fonctions absolument nulles. Vous voyez que je ne dissimulle pas les maux, et vous me rendrez, j'espère, la justice de convenir que je ne cherche pas à affoiblir les argumens contre moi, pour me faciliter le moyen d'y répondre. Hé bien, cet état dans lequel nous sommes à l'égard des Prêtres insermentés, est à mon avis bien loin de nécessiter des mesures de rigueur, de violence, et, à plus forte raison, ces moyens extraordinaires, ces moyens inconstitutionnels qui alarment l'humanité, et qui révoltent la raison.

Les Prêtres insermentés sement la division dans les familles ; oui, toutes les fois qu'il y a des maris, ou d'autes individus assez petits et assez foibles, pour s'embarrasser de savoir quel est le confesseur de leur femme, de leur fille, et peut-être de leurs cuisinières. J'en appelle ici à tous ceux qui ont quelque expérience sur cette matière, et je leur demande s'ils ont connoissance de quelque division particulière, de quelque querelle de famille qui ait d'autre origine que l'intolérance et le fanatisme d'opinion de quelque chef.

Si nous cherchons de bonne foi la cause de

tous ces maux, nous verrons qu'elle consiste, toute entière, dans l'abus qu'ont fait certains ennemis du bien public, des mots de *Patriotisme* et d'*Aristocratie*. On a persuadé au peuple que ceux-là seuls étoient Patriotes, qui alloient à la messe du Curé constitutionnel ; que ceux-là au contraire étoient Aristocrates, qui recherchoient celle du Prêtre insermenté. On a introduit l'esprit de parti, on a égaré et corrompu l'opinion publique, au point que le bon citoyen, que le bon père de famille, qui n'avoit jamais porté un œil indiscret sur les opinions religieuses de sa famille, croit devoir aujourd'hui, pour soutenir la bonne réputation de patriotisme, dont sa maison a toujours joui, et pour éviter sur-tout le soupçon terrible d'Aristocratie, scruter les opinions particulières de chaque membre, exiger qu'il se confesse au Curé constitutionnel, ou au Prêtre insermenté, qu'ils entendent la messe de l'un ou de l'autre, suivant le parti qu'il a lui-même embrassé.

Faut-il être étonné si la paix et la concorde sont troublées dans les familles et dans les cités, puisqu'au mépris de la liberté de conscience, chaque individu ne peut plus même, comme autrefois, se choisir son confesseur, ou entendre la messe de tel Prêtre qu'il lui plaît. Voilà les désordres dont les faux patriotes sont les auteurs ; mais c'est à vous, Messieurs, c'est à vous que le bien public fait une loi et un devoir de les faire cesser. Je vous le demande au nom de la Constitution dont vous êtes les Amis ; éclairez vos concitoyens ; dissipez par vos discours , en répandant des opinions sages , dissipez l'erreur grossière dans laquelle on les précipite ; apprenez-leur que ceux-là seuls sont Patriotes , que ceux - là seuls ont des sentimens conformes à la constitution , qui se conduisent , en matière de religion , d'après l'impulsion de leur conscience ; et que ceux-là au contraire sont des Aristocrates , des ennemis de la constitution , de l'ordre public et du bonheur de la société , qui veulent exercer quelque empire sur les opinions des autres.

Je ne suis pas, au reste , le défenseur ni l'Avocat des prêtres insermentés qui se plaisent à troubler les consciences et à diviser les esprits, au lieu de les rapprocher. Je m'indigne comme vous contre ceux qui inspirent la désobéissance à la loi , contre ceux qui affoiblissent la confiance du peuple pour notre gouvernement. Je méprise enfin , et plus souvent encore je ris de ces dogmes sur lesquels nos prêtres insermentés s'appuyent pour justifier la pieuse colère dont ils sont animés contre les Curés constitutionnels , et qu'ils glissent si charitablement dans l'ame de quelques dévotes et de quelques femmelettes. Je réunis ma voix à celle de tous les vrais patriotes , et je demande à grands cris que ces mauvais citoyens soient punis. Mais, gardons-nous d'employer contre eux d'autre glaive que celui de la loi ; j'aime cent mille fois mieux , je l'avoue, qu'ils échappent à sa vengeance, parce que leurs crimes sont occultes, parce qu'il devient

impossible de les atteindre par les preuves juri-
diques, que de les voir livrés aux caprices, aux
passions, aux sentimens de justice même, si vous le
voulez, de quelques hommes qui ont eu l'audace
de se créer un tribunal illégal, qui n'a pour
régle que l'arbitraire.

Le crime des Prêtres et leur impunité, sont un
grand malheur, sans doute; les bons citoyens
doivent en gémir; mais les atteintes portées à
la liberté publique, et à la liberté individuelle,
le mépris formel de l'acte constitutionnel consigné
avec les caractères imposans de l'autorité, dans un
acte rendu public, et fait pour captiver l'obéissance
des citoyens, sont des délits d'un autre genre;
c'est alors qu'il est permis, que l'on doit s'écrier
même, l'état est en péril, la république est at-
taquée, les ennemis du dédans veulent renverser
la constitution; c'est dans ces jours de désolation
et de deuil public qu'il est ordonné aux Amis de
la constitution de se rallier, de se réunir, et de
demander à grands cris la constitution ou la mort.

*Toutes les parties du Département semblent être
successivement alumées par cet esprit fanatique.*

Vous connoissez ces expressions, et vous savez
de qui je les emprunte.

Messieurs, je ne suis pas aussi instruit de tout
ce qui se passe dans les autres Districts, que dans
celui de Mont-de-Marsan. Je sai cependant que
l'ancien pays de la chalosse est celui ou la lutte
des opinions religieuses a été plus signalée par

des agitations et des soulevemens populaires. J'ai lieu de croire que les Prêtres insermentés y ont fait beaucoup de mal, mais je pense que cette cause n'est pas la seule, et je crois fermement que la mal-adresse des Administrateurs, que le fanatisme des opinions politiques, aussi bien que celui des opinions religieuses, que le défaut de liberté dans l'exercice de tout culte, et pour tous les hommes indifféremment, je crois aussi que les inimitiés et les haines vouées aux Curés par quelques agitateurs répandus dans les paroisses, je crois sur-tout que la conduite des patriotes hypocrites, de quelques chefs turbulens de la démagogie, qui avoient besoin, pour avancer dans leurs desseins, de diviser les citoyens, de les porter même à des insurrections, afin d'écarter des Assemblées politiques et de toutes fonctions publiques, les citoyens doux et paisibles qui aiment véritablemens la Constitution ; je crois enfin que ces diverses causes, et beaucoup d'autres que je ne puis développer ici, ont été l'agent le plus actif des désordres qui ont eu lieu et qui se perpétuent encore dans ce pays.

Telle est mon opinion sur les troubles religieux qui ont agité les autres Districts. Je vais entrer dans de plus grands détails sur ce qui s'est passé dans celui de Mont-de-Marsan.

Je dois remarquer d'abord qu'on n'a pu, sans calomnier indignement ce pays et ses habitans, peindre ce District comme livré aux désordres du fanatisme. Les expressions que l'on employe pour présenter la situation du Département sous ce rapport, sont exagérées ; elles tendent à en donner une idée fausse : on ne pourroit peut-être pas en employer une seule, si on vouloit dire la vérité, et rien que la vérité ; et c'est à mon avis une faute bien grave, bien impolitique et bien dangereuse, que de calomnier si légérement les Administrés ; mais c'est un délit, c'est une perfidie punissable, que d'avoir compris dans la classe des hommes agités par les fureurs du fanatisme, les habitans d'un District qui n'ont cessé de donner depuis la révolution, des preuves éclatantes d'un grand amour pour l'ordre, et d'un grand éloignement pour les excès qui ont souillé ailleurs la liberté. Ce n'est pas sans motif et sans objet qu'on n'a pas voulu faire exception dans l'Arrêté du Directoire du Département en faveur du district de Mont-de-Marsan. Remarquez donc, Messieurs, la marche des ennemis de ce pays. On place dans les actes destinés à être publics, le District de Mont-de-Marsan sur la même ligne que les autres, et dans les actes que l'on croit secrets, le District de Mont-de-Marsan les surpasse encore en fanatisme, et en désordres réligieux. On savoit bien que le moyen le plus sûr de nuire à ce pays, étoit de calomnier ses habitans, et de donner une idée fausse de leur civisme. Mais, il faut des preuves ; et on ne s'est apperçu qu'on en avoit besoin, que depuis le moment qu'on s'est mis dans la nécessité de les produire.

Mais pour se les procurer, ces preuves, que ne dit-on pas, que ne fait-on pas? Réfléchissez, Citoyens, sur ce que je vous raconte ici; examinez, je vous en conjure, ce qui se passe depuis environ un mois autour de vous. Voyez ce que l'on fait pour trouver des coupables, et peut-être pour en rendre ceux qui ne le sont pas. A Roquefort on persuade aux Citoyens que les Officiers municipaux sont des Aristocrates, qu'il ne faut avoir aucune confiance en eux; ils permettent, dit-on, qu'on aille à la Messe des Curés insermentés du voisinage; un d'entre eux a fait bénir son mariage par un Prêtre qui n'a pas prêté le Serment. On a répandu parmi le Peuple et les Gardes nationaux de cette Ville cet adage impie, et qui a été si fatal à la France dans les siècles passés : *Une Loi, un Roi, une Religion.*

A Castandet et à Maurrin on a essayé en vain de troubler l'ordre et la paix. Les Citoyens de ces deux Communes ont donné un exemple rare de prudence et de sagesse, au milieu de la persécution et de la calomnie. Cette Ville ne s'est pas montrée moins sage et moins prudente. Cependant que n'a-t-on pas mis en usage depuis quelque tems, pour y susciter des troubles et pour justifier les calomnies des ennemis? On y signale les autorités et les hommes que l'on voudroit perdre; et lorsque les bons Citoyens déjouent, par la sagesse de leurs conseils, les tentatives des ennemis, en étouffant le germe des insurrections et des divisions intérieures, la main invisible qui conduit l'intrigue se retourne, et essaie, par tous les moyens, de faire perdre à cette Cité la considération qu'elle s'est acquise auprès des Villes voisines. On a voulu dernièrement lui enlever la réputation honorable d'une Ville hospitalière, en portant quelques Citoyens, sous le faux prétexte de faire preuve d'un grand patriotisme, à expulser et maltraîter des hommes toujours intéressans par le malheur, et qui venoient réclamer la justice de l'Administration supérieure. On a bien voulu la troubler dans d'autres paroisses du District, la paix et la tranquillité ; mais c'est avec moins de succès encore, soit parce que les Citoyens sont plus en garde contre ces Apôtres de la Constitution, soit parce qu'il y a moins d'hommes accessibles à l'esprit de parti, aux cabales et aux intrigues, soit enfin parce que les Citoyens éclairés sur les vrais intérêts de ce pays sont en plus grand nombre.

Mais depuis que tous ces moyens sont devenus impuissans, à qu'elles extrêmités l'on se trouve réduit pour se procurer les preuves nécessaires ! Des hommes revêtus de je ne sais quelle autorité, parcourent les campagnes, sollicitent les dénonciations, les accueillent avec transport ; ils écartent les accusés, ils leurs refusent toute communication de plaintes; ils entendent contre eux mystérieusement, et à huis clos, des témoins mille fois suspects.

Peut-être ne doit-on pas s'étonner de ces faits, peut-être devoit-on s'y attendre ; mais ce qu'on ne pouvoit pas prévoir, et ce que je verrois avec une douleur profonde, c'est la coalition funeste de quelques Citoyens de cette Ville avec nos ennemis. Je frémis lorsque je songe que des hommes que l'on égare sans doute, répètent sans raison et si imprudemment, que cette Ville, que ce District sont dans une agitation funeste. Je tremble lorsque je vois des hommes semant la division et la discorde, dans l'intention de former des partis pour les opposer les uns aux autres. Je tremble lorsque je les vois se jetter du côté ennemi et abandonner lâchement celui qui ne pouvoit jamais devenir funeste à leur pays.

Quelles sont donc vos preuves, lorsque vous avancez que ce District est dans les convulsions du fanatisme? Vous ne prétendez pas sans doute ici que la calomnie est permise, et qu'on s'en sert quelquefois utilement, pour affoiblir le crédit des hommes qui ont la confiance publique. Parcourons les cantons dont ce District est composé, et voyons si ce qui s'y passe, justifie vos paroles.

Dans les cantons de Saint-Justin et de Gabarret, où presque tous les Curés ont prêté le Serment, la paix et l'ordre n'ont pas cessé d'y régner un instant. Je n'ai pas connoissance d'un trouble religieux, je dis plus, d'une contradiction sur cette matière, entre les Citoyens. Les Curés sont doux et tolérans, ils sont aimés et chéris de leurs Paroissiens.

Il y a peu de Curés qui ayent prêté le Serment

dans les cantons de Villeneuve et de Grenade ; mais la paix y règne également. Les esprits ont paru être dans l'agitation dans quelques paroisses de ces cantons, tant que les habitans ont craint le remplacement des Curés ; mais ils sont tranquilles depuis que nous les avons rassurés, depuis que nous avons dit, mes collègues et moi, aux Curés, qu'un moyen qui pourroit contribuer à empêcher leur remplacement, c'étoit de maintenir de tout leur pouvoir, l'ordre et la paix ; d'user de leur ascendant pour engager les Citoyens à payer les contributions, à se soumettre à la Loi et à exécuter les ordres des autorités constituées.

Nous avons employé le même moyen et avec un égal succès, dans les cantons de Roquefort et Mont-de-Marsan ; et si vous en exceptez les Chefs-lieux de ces cantons, où l'on trouve des Curés constitutionnels, je vous défie de me citer un fait qui réunisse les caractères d'un délit, et qui annonce un criminel. Je suis fâché que vous ayez cité, dans cette respectable Assemblée, des exemples particuliers, en nommant les auteurs, parce qu'il peut être dangereux de signaler publiquement les hommes que l'on croit être mauvais Citoyens. Cette observation qui s'applique à tous les tems, vous la trouverez sûrement plus importante pour celui où nous sommes.

Mais puisque vous l'avez fait, je crois qu'il est de mon devoir de dire ce que je sais pour sa justification. Le sieur Dupouy a été remplacé à la Cure de Bostens, depuis environ un an : il jouissoit dans cette paroisse de tous les agrémens qui rendent la vie d'un Pasteur douce. Il avoit l'estime et la confiance de ses Concitoyens. Il avoit une aisance honnête, et il possédoit un domaine fort agréable qu'il avoit créé et qu'il cultivoit lui-même. Il lui en coûtoit sans doute de se détacher d'objets si chers. Ses Paroissiens aussi, il faut le dire, l'ont vu séparé d'eux avec peine ; il avoit résolu de rester dans cette paroisse depuis son remplacement, et il faut bien être sévère pour ne trouver aucune excuse dans ce sentiment.

Cependant je vis évidemment que la liberté de conscience n'avoit pas encore fait d'assez grands progrès, pour que l'ordre pût régner dans cette paroisse, si l'ancien et le nouveau Curé y résidoient. Je conseillai au sieur Dupouy de renoncer à ce domicile. Je le lui demandai même (non comme un droit, je ne le pouvois pas) mais comme une prière, comme un sacrifice à la paix et au bien public; je dois lui rendre la justice qu'il quitta quelques jours après la Commune de Bostens; je dois ajouter qu'il n'y est retourné que deux ou trois fois pour donner quelques soins à sa récolte, aux débris de sa fortune, et pas aussi souvent peut-être qu'il auroit pu le faire, sans manquer à la parole qu'il m'avoit donnée : et en racontant l'aventure qui s'est passée dernièrement entre lui et le Maire de Bostens, en nous apprenant qu'il demanda au Maire la permission de dire la Messe, que celui-ci la lui ayant refusée, il se retira paisiblement. Certes, j'ose le dire, vous avez fait son éloge, et vous le rendez bien intéressant.

J'ai agi de même à l'égard de tous les autres Curés remplacés, de ce District. Je leur ai fait la même prière, en m'adressant à eux directement, uo en agissant par la voie de personnes que je savois être influantes auprès d'eux. Je n'en ai trouvé aucun, parmi les insermentés, qui se montrât rébelle à la Loi, qui méconnut l'autorité des Tribunaux, et qui refusât d'obéir à leurs jugemens. Je dois au contraire leur rendre ici la justice publique, qu'ils ont abandonné leur ancienne Paroisse ; je dois faire connoître que tous, à l'exception d'un seul, ont suivi le conseil que je leur ai donné, au nom du bien public, comme j'aurois exigé qu'ils se conformassent à des ordres donnés au nom de la Loi.

Si vous voyez dans cette conduite des *Conspirateurs et des rebelles*, je vous avoue franchement que je n'y vois que des hommes doux et paisibles ; ils sont peu éclairés peut-être sur la question du fameux Serment ; ils sont plus savans en Théologie, qu'en bons principes de gouvernement ; c'est le reproche que l'on peut faire généralement aux Prêtres de ce pays ; mais je n'y vois pas comme vous *des ennemis intérieurs, dont il faut, autant qu'il est possible, diminuer les forces*, (en les condamnant à mourir de faim).

Et ne croyez pas non plus qu'un faux zèle

pour les principes religieux des Prêtres insermentés, m'égare et m'excite à tenir ce langage. Je suis à l'abri d'une telle foiblesse ; et puisque la loi m'autorise dans la profession de mes opinions religieuses, je vous déclare que je n'ai jamais examiné la fameuse question du Serment, sous le point de vue religieux. Je confesse que je suis à cet égard dans une profonde ignorance. La raison et la loi m'ont tout bonnement tenu lieu de théologie. Je vous déclare ensuite que mes opinions religieuses ne participent nullement ni de celles des Prêtres insermentés ni des Prêtres constitutionnels. J'ai trouvé dans ma raison d'autres principes et d'autres moyens pour régler mes rapports avec le Créateur universel. Je tiens fortement à ces principes et à ces rapports. Ils forment ma propriété et ma jouissance la plus chère : aucune puissance ne peut me la ravir ni l'altérer ; elle consiste dans ma pensée. Je suis donc parfaitement neutre dans la question qui divise aujourd'hui les esprits ; je puis, comme personnellement désintéressé dans la querelle, je puis mieux que bien d'autres qui se croient très-tolérans, lors même qu'ils ne sont que fanatiques, je puis, dis-je, mêler utilement ma voix à vos discussions, et je vous aurai bientôt développé toute ma science sur ce chapitre. Je veux qu'on me laisse le droit de penser et d'agir en matière de religion, comme je l'entends, comme ma raison et ma conscience me l'inspirent. Ce droit sacré que je réclame pour moi, je reconnois que tous les Cioyens ont le droit d'en joüir.

Ne parlez donc plus de tolérance ; ce mot, comme vous l'a dit un des Membres qui m'ont précédé dans cette tribune, en empruntant l'expression du célèbre Mirabeau, ce mot est une intolérance ; car en disant qu'il faut tolérer les opinons religieuses, vous semblez faire croire qu'il y en a de dominantes, et cette idée est absurde. La liberté de conscience et de culte est consacrée par la loi de l'Etat. Voilà ce qu'il faut publier par-tout, c'est-à-dire que chaque Citoyen a le droit de penser à cet égard comme il lui plaît ; que la loi sociale promet une protection égale à chacun pour la profession de ses opinions et de son culte ; et peut-on, sans impiété, ravir à un homme le droit sacré de s'unir à Dieu par la pensée ! Si la raison du plus grand nombre et la force pouvoient excuser cette violence cruelle, la force et le nombre, s'ils se décidoient jamais contre vous, exerceroient donc avec autant de raison la même violence.

Vous ne voulez pas établir le règne de la liberté de conscience, eh bien, il faut donc qu'un homme seul fasse la guerre à tous, et il ne pourra parvenir à se débarrasser de l'envie de dominer sur la pensée, que lorsqu'il aura tué tous ses semblables ; car je ne crois pas qu'il existe sur la terre deux êtres qui aient absolument les mêmes dogmes, la même foi, le même culte et la même manière de rendre à Dieu leurs hommages. Cette réflexion, si on veut se donner la peine d'y faire attention, doit éclairer les hommes de bonne foi, confondre les imposteurs, et placer le dogme politique de la liberté de conscience, au-dessus de tous les autres.

Ne répétez donc plus ces absurdes déclamations; *l'Etat est en péril*, *les Prêtres rebelles*, *le fanatisme des Prêtres sont la cause de tous les maux*. J'ai prouvé, je pense, que cette affectation à publier ces fausses terreurs, étoit une calomnie qui retomboit sur les administrés du Département, qu'elle pouvoit renfermer des desseins plus fâcheux contre les habitans de ce District. J'ai dit que les hommes qui se plaisoient à la répéter et à la propager pour servir l'intrigue et la cabale, étoient bien imprudens, et peut-être bien mal-intentionnés. J'ai établi que les divisions intérieures et religieuses qui régnoient dans le Département, provenoient principalement de la mal-adresse des Administrateurs, de leur ignorance et du défaut de protection accordée à tous les Citoyens dans l'exercice et la profession de toutes les opinions et de tous les cultes. J'ai prouvé enfin que ces divisions étoient nulles dans le District de Mont-de-Marsan; car peut-on raisonnablement s'arrêter aux propos de quelques Dévotes et de quelques Prêtres insermentés qui soutiennent qu'il est de foi que les Curés élus par le Peuple sont des *intrus* et des *Schismatiques*; que leurs absolutions et leurs prières ne valent rien? Peut-on donner quelque attention aux maximes de ces prétendus Patriotes qui traîtent d'Aristocrates les personnes qui n'entendent pas la Messe du Curé constitutionnel, qui publient que les mariages qui ne sont pas bénis par ces Curés, sont nuls; que les époux sont dans le concubinage et en état de *péché mortel*, lorsqu'ils couchent ensemble? Faut-il enfin s'écrier que la Patrie est en danger, parce que les Prêtres insermentés iront visiter les malades, parce qu'ils porteront le bon Dieu dans leur poche, et parce qu'ils confesseront de jolies Dévotes dans leurs chambres?

On vous trompe, Citoyens, on vous trompe lorsqu'on vous dit que ces actions vraies ou fausses ne sont pas indifférentes, qu'elles mettent la Patrie en péril.

Je ne vous le dissimulerai pas cependant, Messieurs, l'Etat est en danger, la Patrie est menacée, et c'est le moment pour les bons Citoyens de se réunir pour la sauver; mais voulez-vous que je vous en indique la cause?

Je l'ai dit, depuis que la Constitution a été achevée, je crains plus les révolutionnaires, que les contre-révolutionnaires : je vais expliquer ma pensée.

Les Armées des Emigrés, rassemblées en Allemagne, m'affligent. Je ne vois pas sans inquiétude la ligue des Princes et des Tyrans qui veulent attenter à notre liberté et à notre Constitution. Mais je me suis toujours persuadé que si l'harmonie et l'accord régnoient entre les premiers pouvoirs nationaux, que si les Administrations et tous les

Corps constitués marchoient d'un pas ferme sur la ligne du devoir et de la Constitution, que si la discipline et la subordination s'établissoient parmi nos Troupes et nos Gardes nationaux ; je me suis, dis-je, persuadé que vingt-cinq millions d'hommes qui présenteroient le spectacle majestueux d'un Peuple dont chaque individu placé à son poste sauroit commander et obéir, en imposeroit puissamment à tous les Tyrans et à tous les ennemis. J'ai toujours pensé qu'une telle Nation seroit invincible, qu'elle seroit même inattaquable. Mais cet un état bien différent que celui que présente en ce moment la France ; et on éprouve des sentimens bien pénibles, quand on n'a vu dans la révolution que le bonheur public, quand on a embrassé de bonne foi les principes de la Constitution , quand on s'y est voué tout entier pour le bien ; on est enfin douloureusement affecté, quand on aime Rome et les Romains. Si nous fixons seulement nos regards sur ce qui se passe autour de nous , je vois l'intrigue et la cabale agiter quelques hommes ; ils abusent de la bonté et de la foiblesse des Citoyens, ils parviennent merveilleusement à bout de leurs desseins, et la première dignité de l'Empire est pour eux. Les lots qui restent se partagent entre les consors ; et on connoît, par celui que chacun obtient, le service qu'il a rendu par ses intrigues.

La vertu , la sagesse , et sur-tout une probité sévère, voilà les qualités qui sont propres aux Administrateurs destinés à faire le bonheur d'un

Département. Mais pour les atteindre, il faut avoir médité long-tems les principes de notre Constitution ; il faut s'être préparé par des études et des réflexions puisées dans les bons écrits, il faut enfin avoir éprouvé ses talens et sa vertu : si au lieu des hommes capables de soutenir cette épreuve, j'apperçois dans une Administration des personnes dont la vie précédente n'est marquée par aucune des actions et des qualités qui caractérisent l'homme public, le Citoyen digne de la confiance de ses Concitoyens, si au lieu de l'Administrateur modeste qui se défie toujours de ses propres connoissances, et qui cherche à s'entourer de lumières d'autrui, j'apperçois des hommes qui ne savent pas douter quand il s'agit de servir leurs passions, leur intérêt particulier ou l'esprit de localité, qui tranchent sur les questions les plus importantes, sans se persuader qu'ils peuvent errer, qui agissent dans le secret et le mystère, qui ne craignent rien tant que les regards pénétrans de ceux qui sont capables d'éclairer l'opinion publique sur leurs actions et leur conduite, qui n'offrent enfin aucune sorte de responsabilité, mais qui semblent être parvenus aux places pour rétablir leur fortune et leur crédit, pour avancer leurs amis, leurs créatures, plutôt que pour se pénétrer des grandes idées d'Administration et de bonheur public ; et si au lieu de n'employer que des agens fidèles qui inspirent la confiance des administrés par leur zèle et leur droiture, je vois à la tête des affaires, pour dépositaire principal et de la fortune et des objets les plus précieux des Citoyens, un homme qui inspire la terreur et l'effroi par les souvenirs et les crimes qu'il rappelle. Il étoit naguère dans les cachots, il attendoit le supplice destiné aux malfaiteurs et aux escrocs ; c'est à la faveur d'une transaction honteuse et d'une donation forcée de tous ses biens qu'il y a échappé ; c'est peut-être par un effet des désordres inséparables d'une grande révolution qu'il vit encore, et cependant le voilà tout-à-coup métamorphosé en agent principal du Département ; et s'il faut en croire quelques hommes foibles qu'il a séduits, quelques intriguans qu'il sert dans leurs projets, comme ils l'ont servi dans les siens, c'est le premier Patriote du Département, c'est la terreur des Aristocrates, c'est un martyr de la révolution. Encore quelque tems que l'ordre et la paix se rétablissent, que la justice et les loix jouissent de tous leurs droits, et vous verrez si cet homme audacieux pourra survivre long-tems à sa tragique destinée.

Dois-je retourner encore, pour éclairer mes Concitoyens, pour leur montrer le danger que court la Patrie, sur les pas de ces faux Patriotes, de ces Charlatans qui corrompent et empoisonnent l'opinion publique, qui égarent les hommes peu éclairés, en leur persuadant que les ennemis secrets de la Patrie, que les conspirations sont quelques misérables Prêtres insermentés ; que ceux-là sont des Aristocrates, qui veulent que tout homme jouisse en paix de la liberté de conscience. Citoyens, voilà la seule cause des troubles et des agitations qui affligent ce malheureux Département. Voilà la cause des dangers qui menacent la Patrie ; elle est là toute entière, la rage de nos Emigrés, la haine des tyrans : les armées de Worms et de Coblens ne sont rien auprès de ces maux.

Il existe néanmoins une autre cause de danger pour la Patrie , et je ne dois pas vous la dissimuler, c'est la dépression du papier monnoie. Le discrédit des assignats est un grand fléau qui menace aussi notre liberté. Les moyens d'y rémédier ne sont pas tous en votre pouvoir, je le sais. Il en est un cependant que chacun de nous peut ete doit mettre en usage ; c'est l'acquittement prompt et entier des Contributions de 1791. Ils ne vous rappelleront pas , ces prétendus Apôtres de la liberté, ce devoir devenu sacré pour tout Citoyen François, ou s'ils vous en parlent, c'est par dérision ; car ils cherchent à s'y soustraire, et je fais chaque jour la douloureuse expérience qu'il faut les y contraindre par des voies rigoureuses.

Telle est, Citoyens, mon opinon sur les questions qui sont soumises à votre examen. J'ai dû vous la dire toute entière. Ma qualité d'ami de la Constitution, le Serment que j'ai fait de la maintenir au péril de ma vie, m'en ont fait un devoir. J'y serai toujours fidèle, et je vous en donnerai bientôt de nouvelles preuves.

Signé JACQUES DARRIMAJOU.

P. S. Ce qui s'est passé dans cette Ville le Dimanche 11 Mars, lorsque cet écrit étoit encore sous presse, justifie pleinement tout ce que j'ai annoncé des intentions des ennemis de ce District et de cette Cité. On a engagé quelques Citoyens à demander aux Officiers municipaux qu'on expulsât les Prêtres qui n'avoient pas prêté le Serment. J'ai conversé depuis cette scène avec plusieurs de ces Citoyens qu'on avoit égarés ; j'ai tâché de leur faire connoître l'injustice et l'illégalité de cette démarche. Je leur ai fait sentir combien elle étoit opposée à leurs propres intérêts et à ceux de cette Ville. Ils ont paru touchés de mes raisons, et ils ont avoué avec franchise qu'ils ne songeoient nullement aux Prêtres, mais qu'on étoit venu les relancer chez eux, qu'on avoit séduit leur bonne foi et leur patriotisme, en leur disant qu'il convenoit que la Garde nationale de Mont-de-Marsan fit comme celles de Saint-Sever et de Dax, c'est-à-dire qu'elle fit exécuter l'Arrêté du Département, et qu'elle chassât les Prêtres insermentés. Ce n'est donc pas ceux qui ont demandé l'expulsion des Prêtres, qui sont coupables. Ces Citoyens ont cru, au contraire, faire preuve d'un grand patriotisme; mais c'est ceux qui les ont trompés, c'est ceux qui, depuis huit jours, travailloient les esprits, en calomniant les honnêtes gens, en les faisant insulter dans les rues, en préparant enfin l'insurrection par des moyens abomi-

nables ; mais on connoît aujourd'hui les moteurs ;
et si les bons Citoyens ne se réunissent comme un
faisseau , pour prévenir les troubles dans leur principe , je le prédis avec douleur , cette Ville perdra
bientôt la réputation honorable qu'elle avoit acquise
depuis la révolution ; les projets des ennemis seront
secondés , les hommes qui les servent connoîtront
trop tard leur faute. Et qui sait , si après avoir préparé des malheurs publics , ils n'auront pas à gémir
sur des malheurs particuliers ?

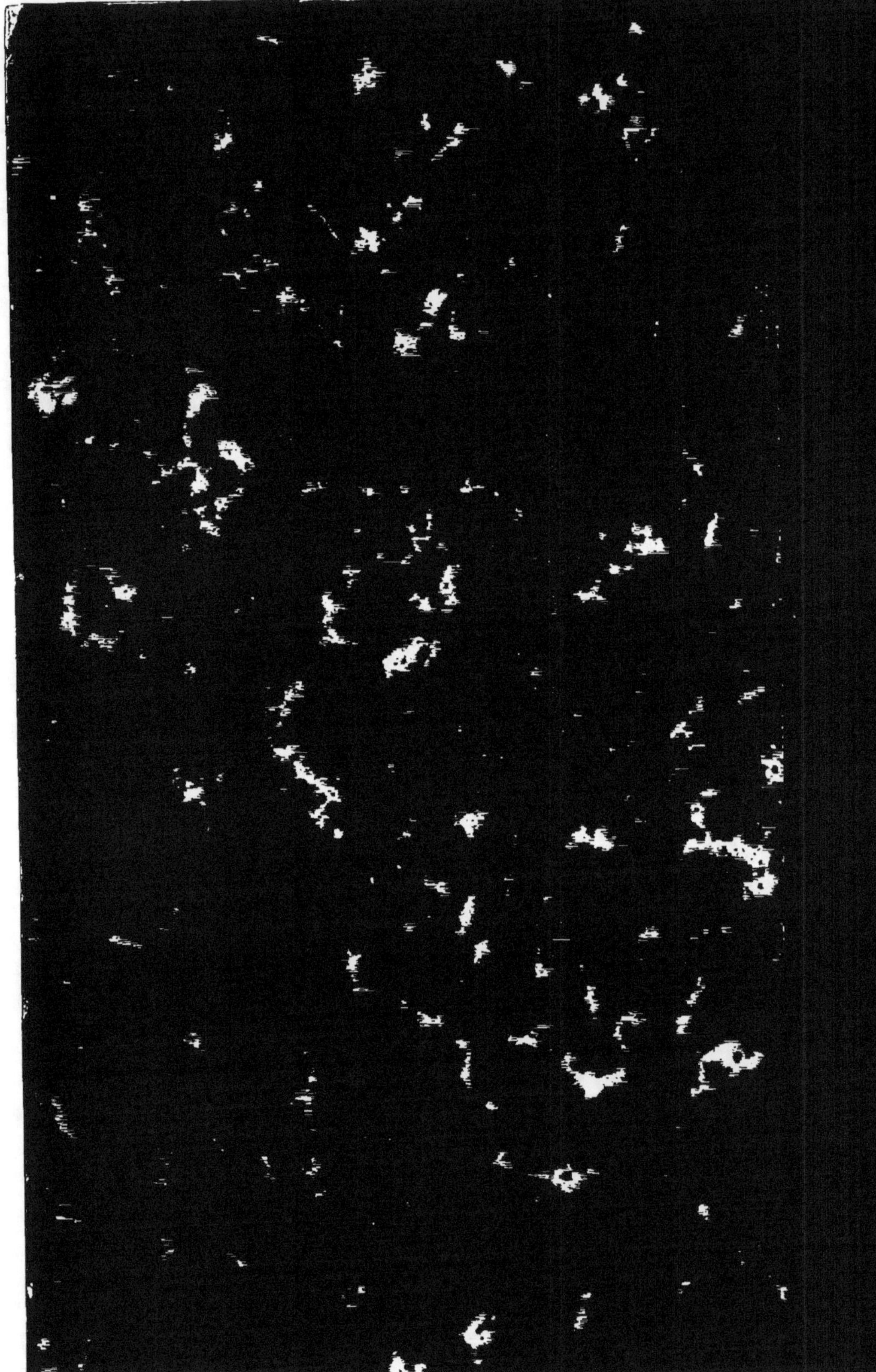

www.ingramcontent.com/pod-product-compliance
Lightning Source LLC
Chambersburg PA
CBHW051725050726
47598CB00003B/1056